Pedro Calderón de la Barca

El socorro general

Barcelona **2024**
Linkgua-ediciones.com

Créditos

Título original: El socorro general.

© 2024, Red ediciones S.L.

e-mail: info@linkgua.com

Diseño de cubierta: Michel Mallard

ISBN tapa dura: 978-84-1126-021-3.
ISBN rústica: 978-84-9816-456-5.
ISBN ebook: 978-84-9953-120-5.

Sumario

Brevísima presentación

La vida

Pedro Calderón de la Barca (Madrid, 1600-Madrid, 1681). España.

Su padre era noble y escribano en el consejo de hacienda del rey. Se educó en el colegio imperial de los jesuitas y más tarde entró en las universidades de Alcalá y Salamanca, aunque no se sabe si llegó a graduarse.

Tuvo una juventud turbulenta. Incluso se le acusa de la muerte de algunos de sus enemigos. En 1621 se negó a ser sacerdote, y poco después, en 1623, empezó a escribir y estrenar obras de teatro. Escribió más de ciento veinte, otra docena larga en colaboración y alrededor de setenta autos sacramentales. Sus primeros estrenos fueron en corrales.

Lope de Vega elogió sus obras, pero en 1629 dejaron de ser amigos tras un extraño incidente: un hermano de Calderón fue agredido y, éste al perseguir al atacante, entró en un convento donde vivía como monja la hija de Lope. Nadie sabe qué pasó.

Entre 1635 y 1637, Calderón de la Barca fue nombrado caballero de la Orden de Santiago. Por entonces publicó veinticuatro comedias en dos volúmenes y La vida es sueño (1636), su obra más célebre. En la década siguiente vivió en Cataluña y, entre 1640 y 1642, combatió con las tropas castellanas. Sin embargo, su salud se quebrantó y abandonó la vida militar.

Entre 1647 y 1649 la muerte de la reina y después la del príncipe heredero provocaron el cierre de los teatros, por lo que Calderón tuvo que limitarse a escribir autos sacramentales.

Calderón murió mientras trabajaba en una comedia dedicada a la reina María Luisa, mujer de Carlos II el Hechizado. Su hermano José, hombre pendenciero, fue uno de sus editores más fieles.

Personajes

La Sinagoga
El Orden
La Gentilidad
San Pedro
La Apostasía
Zabulón
La Iglesia
Soldados
La Penitencia
Marineros
La Oración
Música
El Bautismo
Acompañamiento

Acto único

(Suenan cajas y trompetas, y salen marchando Soldados, y detrás la Sinagoga, vestida a lo judío, con bastón de general.)

Sinagoga   Hebrea milicia, cuyo
siempre ilustre, siempre invicto
valor no podrá olvidar
la memoria de los siglos;
amado pueblo de Dios,   5
bando de Dios escogido,
república de Israel,
generoso Judaísmo,
tú, con quien su amor inmenso
tan grandes finezas hizo,   10
que te puso en libertad
de la esclavitud de Egipto,
desde que la crespa saña
del Bermejo mar previno,
amontonando las ondas,   15
diáfano pasadizo,
en que opuestamente hallaron
sus gitanos y tus tribus,
unos tumba de cristal
y otros canales de vidrio,   20
hasta que peregrinando
por mansiones y caminos
nunca hollados, de la tierra
de promisión te dio indicios
primero la lluvia hermosa   25
de aquel cándido rocío,
neutral sabor de viandas,
y después aquel racimo
del explorador Caleb,

cifrando el maná y el vino   30
de nuestro gran Jehová
los misterios escondidos.
Yo soy tu gran Sinagoga:
proponerte solicito
de esta guerra los pretextos,   35
de este furor los motivos,
porque aunque no los ignores,
en ti despierten los bríos
de mi voz al pronunciarlos
y tu atención al oírlos.   40
Ya sabes que a nuestra corte
un hombre por virrey vino
(pues ser del mayor monarca
segunda persona dijo);
este en pláticas diversas   45
y en sermones que le oímos
nos dio a entender que traía
poderes establecidos
de su rey para rompernos
de nuestros fueros antiguos   50
las juradas ceremonias
y los observados ritos,
introduciendo en nosotros
nueva ley, y habiendo dicho
que renovaría en tres días   55
el templo, reducir quiso
a un sacrificio incruento
los cruentos sacrificios
de nuestras víctimas. Yo,
habiendo su intento oído,   60
escandalizada y ciega
todo mi pueblo amotino,
y recibiendo los votos

de escribas y de rabinos,
que en mi república son   65
los diputados ministros,
contra su falsa doctrina,
contra su engañoso estilo,
contra sus costumbres y
contra su vida conspiro,   70
dándole violenta muerte.
¡Ay, infeliz, que al decirlo,
la voz balbuciente, el pecho
alterado, estremecido
el corazón, tartamuda   75
la lengua, el aliento frío,
no hablo, sino padezco,
no pronuncio, sino gimo!
¿Pero qué mucho, qué mucho,
si tembló despavorido   80
el universo al mirarlo,
que tiemble yo al referirlo?
A media tarde expiró
la luz del Sol de improviso;
bandolera de sus rayos,   85
salteadora de sus giros,
la noche emboscada estaba
a robarle en el camino,
cuya ráfaga de sombras
tantos prisioneros hizo   90
en la Luna de reflejos
y en las estrellas de visos,
que vio la Luna el menguante,
no habiendo el creciente visto,
y muerto su general,   95
a vista del enemigo
huyeron, sin saber dónde,

por páramos cristalinos
las tropas de las estrellas,
las escuadras de los signos, 100
de suerte que se vio el cielo
desplomado de sus quicios,
si se cae o no se cae,
para dar un estallido,
cuyo horror, amenazando 105
la tierra con precipicios,
la estremeció de manera,
que los montes más altivos,
sus más elevadas torres,
sus más graves edificios, 110
en su asiento titubearon,
de su centro divididos,
buscando dónde arrimarse,
luchando a brazo partido
unas con otras las piedras, 115
unos con otros los riscos.
Rasgose el velo del templo,
de sus sepulcros los fríos
cadáveres se elevaron,
vagando esqueletos vivos 120
la rara esfera del aire,
cuyos espacios vacíos
funesto luto vistieron,
enmarañado y tupido
en el telar de las nubes, 125
y comuneros los ríos
se le atrevieron al mar;
mas en todo este conflicto
esta confusión del cielo,
este del mundo delirio, 130
a que ya para espirar

se vio el postrer parasismo,
no se acobardó mi rabia
habiendo docta entendido,
que eran de naturaleza 135
casuales los prodigios,
con que tal vez nos asombra,
sin haberme persuadido
a que el general eclipse
fuese por el homicidio, 140
aunque viendo sus efectos,
aquel gran varón Dionisio
filósofo de Areopago
desde allá diz que lo dijo;
el católico monarca, 145
cuya corte es el impíreo,
de nuestra culpa informado,
de nuestra saña ofendido,
dicen que tomar pretende
venganza de este delito, 150
a cuyo efecto, enviando
doce valientes ministros,
del orbe a correr los climas
más remotos y distintos,
gente ha juntado con que 155
la Iglesia, que es la que ha sido
la general de sus armas,
solicita reducirnos
a su primera obediencia,
dándonos por más castigo 160
nueva ley en que vivamos
y poniéndonos presidios
de sacramentos con que
siempre nos tendrá rendidos
a su sujeción. Ya, pues, 165

su grande ejército altivo
de Jerusalén está
tan cerca, que sus avisos
son las cajas y trompetas;
resistamos sus designios, 170
y vean que vuelven todos
derrotados y vencidos
de nosotros sus preceptos,
sin tomarlos ni admitirlos.
Libre república somos; 175
ea, vasallos y amigos,
hoy leales a la patria
y fieles a mi dominio,
es el día de mostrar,
que sois de mi aliento hijos. 180
Castigado suene el parche,
de uno y otro golpe herido;
animado el bronce suene,
ya de uno y otro suspiro,
y para que no entren dentro 185
de la ley en que vivimos,
en lo estrecho de sus pasos
salgamos a recibirlos,
todos publicando a voces,
todos repitiendo a gritos: 190
¡Viva nuestra libertad
y muera la ley de Cristo!

Todos   ¡Viva nuestra libertad
                         y muera la ley de Cristo!

(Suena un clarín lejos, y sale Zabulón vestido de judío ridículamente.)

Zabulón   Un embajador de parte   195

14

	del ejército ha querido	
	hablarte.	
Sinagoga	¿Quién es?	
Zabulón	No sé,	
	que en mi vida no le he visto	
	otra vez ni le conozco.	
	Solo sé que su vestido	200
	es más blanco que el candor	
	de la nieve y que ha venido	
	haciendo un gran sacramento	
	en que quiere hablar contigo.	
Sinagoga	Dile que llegue.	

(Sale el Bautismo vestido de blanco a la española.)

Bautismo	La hermosa	205
	emperatriz del Olimpo,	
	la que de flores y estrellas	
	corona los crespos rizos,	
	la que en sus adornos vence	
	las purezas del armiño,	210
	la unión de fieles, la reina	
	militante, la que ha sido,	
	es y será capitana	
	del estandarte de Cristo,	
	corona de sus leales	215
	y de sus fieles caudillo,	
	salud y gracia te envía.	
Sinagoga	¿Salud y gracia contigo?	

Bautismo	Sí.
Sinagoga	¿Pues quién eres, quién eres
	tú, que tan desvanecido 220
	piensas que salud y gracia
	puedes traerme?
Bautismo	El Bautismo,
	primer sacramento suyo,
	a cuyo cargo los libros
	de sus ejércitos vienen, 225
	pues yo sus gentes alisto.
Sinagoga	¿Qué es tu intento?
Bautismo	De su parte
	satisfacer los motivos,
	con que hoy tienes sediciosos
	y alterados tus vecinos, 230
	por ver si puede por mí
	a su gremio reducirlos,
	excusando los rencores,
	los robos, los homicidios,
	los escándalos, las muertes, 235
	las sediciones, los vicios,
	las traiciones, los insultos
	que trae la guerra consigo,
	entre vasallos que somos
	todos de un monarca mismo. 240
Sinagoga	¿No había otro que viniese
	menos osado y altivo
	que tú?

Bautismo	No, porque si yo	
	no doy con el favor mío	
	principio a estas amistades,	245
	no pueden tener principio.	

Sinagoga	¿Pues qué pretextos podrás	
	proponernos ni advertirnos,	
	que nos satisfagan, puesto	
	que todos nuestros designios	250
	fundados están en que	
	los fueros establecidos	
	de nuestros primeros Padres	
	rompernos habéis querido?	

Bautismo	Porque veas el engaño	255
	en que estás, ¿cuáles han sido	
	tus más principales fueros?	

Sinagoga	Los diez preceptos divinos	
	del decálogo sagrado,	
	que en terso mármol y liso,	260
	buril el dedo de Dios,	
	le entregó a Moisés escritos.	

Bautismo	Luego si esos diez preceptos	
	son, Sinagoga, los mismos	
	con que hoy la Iglesia pretende	265
	mantenerse en el servicio	
	de tu rey, romper no trata	
	tus grandes fueros antiguos.	

Sinagoga	Sí trata, pues que pretende	
	del Levítico impedirnos	270
	los sangrientos holocaustos,	

	intentando reducirlos	
	a un sacrificio incruento.	
Bautismo	Es piadoso sacrificio,	
	que satisface por todos	275
	con méritos infinitos.	
Sinagoga	¿De qué suerte?	
Bautismo	¿Puedes tú	
	dudar que tu ley ha sido	
	ley de sombras y figuras?	
Sinagoga	No puedo, y que un Mesías, hijo	280
	de Dios, será de esas sombras	
	y figuras que ya he visto	
	lo figurado, que así	
	mis profetas me lo han dicho.	
Bautismo	Pues ya vino ese Mesías,	285
	los hebdómadas cumplidos,	
	y tú le desconociste,	
	dándole muerte.	
Sinagoga	Ni vino,	
	ni entiendo que pudo ser	
	de Dios principal ministro	290
	enviado un sedicioso	
	galileo advenedizo.	
	Solo sé que ahora me envía	
	la Iglesia su paz contigo,	
	que eres nuevo sacramento	295
	que ni conozco ni admito,	
	y que a mi circuncisión	

quieres quitarle el oficio.

Bautismo

En eso verás también
cuán piadoso, cuán benigno 300
el rey te ofrece piedades
cuando tú esperas castigos,
pues si en la circuncisión
antes era beneficio
del original pecado 305
dejarnos puros y limpios
y hoy es ablución de agua
y no de sangre, está visto
cuánto sus derramamientos
excusar ha pretendido, 310
dando a entender que la ley
de gracia es yugo sencillo,
pues sin sangre nos reduce
al estado primitivo
de la original justicia 315
de que privados nacimos,
dejándonos de la culpa
este sacramento pío
con el agua bautizados
y sin sangre incircuncisos. 320

Sinagoga

Que no te entiendo otra vez
y otras mil veces repito,
y así vuélvete al instante,
primero que el furor mío
las inmunidades rompa 325
del seguro que has traído,
y di a tu Iglesia que yo
ni te escucho ni recibo
porque no quiero su paz.

Bautismo	Mira que soy el Bautismo,	330
	y que piadosa la Iglesia	
	te está rogando conmigo,	
	con que deja su justicia	
	honestada.	
Sinagoga	No te admito.	
Bautismo	Pues con esto....	
Sinagoga	No te escucho.	335
Bautismo	Manifiesto....	
Sinagoga	No te estimo.	
Bautismo	Queda.	
Sinagoga	No te oigo, no te oigo.	
	Tapareme los oídos	
	como la sierpe al encanto,	
	y cualquier soldado mío	340
	que te hable ni te vea	
	le tendré por enemigo	
	y por traidor a la patria.	
Todos	Todos lo propio decimos.	
	¡Viva nuestra libertad!	345
Sinagoga	Dejados y aborrecidos	
	de todos nosotros, vuelva	
	a la Iglesia sus auxilios.	

(Vanse Sinagoga y Soldados.)

Bautismo   ¡Ay, infelice de ti,
y ay de tus míseros hijos,   350
sobre quien está la sangre
del justo con repetidos
lamentos pidiendo al cielo
si no venganzas, castigos!

Zabulón   Señor Sacramento de agua,   355
vos fuérades más bien visto
acá de todos si fuerais
otro que hay allá de vino;
y así idos con Dios a donde
sois fiestas y regocijos   360
de comadres y compadres,
aunque alguna vez me han dicho
que no dejáis de tener
molestias con los padrinos
sobre aquello de la vela,   365
el mazapán, el mantico,
los dulces de la parida,
los agrios del monacillo,
sin lo del coche prestado
si vino a tiempo o no vino,   370
la fuente, el salero, el jarro,
la agua de olor, el capillo,
el volo y el efetá,
y otros dos mil requisitos,
si al niño sacan los brazos,   375
si ponen a andar al niño,
y por remate de todo
traer siempre por inquilinos
la comadre de parir

	y el ama de haber parido.	380

(Vase.)

Bautismo	Hermosa luz de las gentes,	
	sobre cuyo cristalino	
	cuello la alba vierte rosas	
	y el aura deshoja lirios,	
	tú, cuyas manos ceñidas	385
	de siete azules jacintos,	
	liberalmente de Dios,	
	distribuyes los más ricos	
	tesoros, dejando siempre	
	infinito lo infinito.	390

(Suenan chirimías; salen la Oración, la Penitencia, Damas, la Orden Sacerdotal, Viejo; y detrás la Iglesia con corona de oro, manto imperial y bastón, y la Penitencia trae un estandarte con un Cristo crucificado y todos con espadas ceñidas y plumas.)

Iglesia	¿Qué me quieres?	

Bautismo	A tus plantas	
	lloroso y enternecido	
	(porque es el agua en efecto	
	materia del pecho mío)	
	vuelvo de la Sinagoga	395
	despreciado y ofendido	
	con injurias y baldones,	
	haciendo en mí desperdicios	
	de tus hermosas piedades.	

Iglesia	Presto, bando aborrecido;	400
	presto, traidora familia,	

llorarás tus precipicios,
perdida tu Sinagoga,
tu patria y tu domicilio,
vagando por las ajenas.   405
Leales soldados míos
que debajo militáis
de este estandarte en quien miro
persona que hace y padece,
sacerdote y sacrificio,   410
ya la ocasión ha llegado.
Tú, Oración, con tus suspiros,
tus lágrimas y tus ruegos,
los ánimos mueve invictos.
Tú, Orden Sacerdotal,   415
acude con beneficios,
que son de la militante
Iglesia balas y tiros.
Tú, enarbola, Penitencia,
ese estandarte divino   420
porque te sigan, y todos
armados y prevenidos,
para padecer rigores
de crueldades y martirios,
pues habéis de ser muriendo   425
vencedores y vencidos,
diciendo al cielo y la tierra,
en lamentos repetidos:
«¡Muera la comunidad
y viva la fe de Cristo!».   430

(Estas voces se repitan dentro de mano en mano y fuera la caja a marcha.)

Todos   ¡Muera la comunidad
y viva la fe de Cristo!

Oración	Ya el ejército a tus voces
	todo a un tiempo se ha movido.
Sacerdocio	En orden viene cubriendo 435
	de poblaciones los riscos.
Penitencia	Mi estandarte siguen.
Iglesia	Tú,
(Al Bautismo.)	pues que tienes los registros
	de todos y al pasar muestra
	los señalas con tu signo, 440
	veme diciendo quién son.
Bautismo	Tú lo sabes.
Iglesia	Es preciso
	saberlo más por tus listas,
	y así de ti quiero oírlo,
	que no conoce la Iglesia 445
	a nadie sin el Bautismo.

(La caja dentro a marcha.)

Bautismo	Tu ejército, que en valientes
	tropas marcha hecho escuadrones,
	compuesto está de naciones
	porque es unión de las gentes, 450
	y así el número que adquiere
	de tantas consta y se hace
	que ven al Sol cuando nace
	y ven al Sol cuando muere.
	Toletot quiere decir 455

en hebreo población,
monarquía o fundación
de muchos, y así argüir
no sin justas causas oso,
viendo tan varias hileras,   460
que es tu frente de banderas
un Toletot numeroso.
Y otra razón hay en que
la envidia admirada vea
que lo que es Toletot sea   465
plaza de armas de la fe,
pues una ciudad fundada
por Nabucodonosor,
por su grandeza y valor
fue de este nombre llamada,   470
cuya Sinagoga altiva
la sentencia no firmó
de Cristo, ni el voto dio
en su alteración esquiva.
De suerte que llamar puedo   475
al que tu ejército fue,
por el número y la fe
o Toletot o Toledo.

(La caja.)

Iglesia   ¿Qué tercio es este que tiene
                   la vanguardia?

Bautismo   Es de españoles.   480

Iglesia   Son de mi milicia soles.

Bautismo   Por maese de campo viene

de ellos Torcato.

Iglesia   ¿Pues no
viene Diego?

Bautismo   No, que aunque
fue Diego el primero que   485
gente en España alistó,
por él el tercio ha servido
su teniente coronel,
por haberle dado a él
la caballería. Este ha sido   490
tercio de Borgoña donde
la fe milita.

Iglesia   ¿Quién es
su maese de campo?

Bautismo   Andrés.

Iglesia   Bien la banda corresponde
con el aspa ensangrentada.   495

Bautismo   Rojos sus bastones son
por la sangre del toisón,
orden en ella fundada,
y así con piedad no escasa
banda roja usa la pía   500
católica monarquía
de Borgoña por la casa.

(La caja.)   El tercio, que ahora llegó
de los italianos es;
Pablo le gobierna.

| Iglesia | ¿Pues | 505 |

Iglesia   ¿Pues
           también Pedro no alistó
           en Roma su corte?

Bautismo   Sí;
           mas como a Pedro le diste
           tu nave con que le hiciste
           general de mar, así   510
           la armada ha de gobernar.

Iglesia   Es verdad; la nave bella
           le di de la Iglesia y ella
           señora me hará del mar.
(La caja.) ¿Cuyo es el tercio que veo,   515
           que en su gran número copia
           las flores?

Bautismo   Es de Etiopía.

Iglesia   ¿Quién le gobierna?

Bautismo   Mateo,
           Tomás y Bartolomé:
           aquel de la India oriental   520
           y este de la occidental,
           gente conducen.

Iglesia   Y qué
           gente es esta que desprecia
           el rosicler de los días?

Bautismo   La de Felipe y Matías,   525
           una de Asia, otra de Grecia;
           Juan y el menor Diego, a quien

la fama su voz inclina,
son estos; de Palestina
vienen y Jerusalén. 530

(Las trompetas a marcha.)

Esta es la caballería
con cuyas armas parece
o que el día se oscurece
o que alumbra más el día.
Diego, su gran general, 535
la gobierna, a quien siguiendo
vienen las tropas, haciendo
alarde de la señal
que los trae satisfechos
de su valor, dando luz 540
sobre el acero la cruz,
rojo esmalte de sus pechos,
a quien siguen a millares
con gloriosa emulación
las demás tropas que son 545
religiones militares.
Benito y Bernardo honores
dan con la cruz esmaltada,
sus mártires colorada
y verde sus confesores. 550
Este es tu ejército, en suma,
cuyo honor te satisfaga
que ni el tiempo le deshaga
ni el olvido le consuma.

Iglesia   Pues al arma toca y cierra 555
que nuestra ha de ser la gloria.

(Tocan cajas y trompetas, y dice dentro la Sinagoga.)

Sinagoga	Mía ha de ser la victoria.
Unos	Arma, arma.
Otros	Guerra, guerra.

(Al irse a entrar la Iglesia y el Bautismo, sale la Apostasía huyendo como asombrada.)

Apostasía   Bella Iglesia, ¿dónde vas?
                      Atrás, atrás vuelve, no   560
                      pases adelante.

Iglesia   Yo
                      no puedo volver atrás.

Apostasía   Mira que está el enemigo
                      en la cumbre de aquel monte
                      que corona el horizonte,   565
                      haciendo al cielo testigo
                      de su poder, pues sus bellas
                      tropas no pueden contar
                      ni las arenas del mar
                      ni del cielo las estrellas.   570
                      Cierta es tu ruina.

Iglesia   ¿Quién eres
                      tú, que tan ciego has venido,
                      que yo te he desconocido
                      en mi ejército?

Apostasía   ¿No infieres

	viendo la eterna señal	575
	del Bautismo, Iglesia, en mí,	
	que soy tu soldado?	

Iglesia   Sí.
               ¿De dónde eres natural?

Apostasía   Un aventurero soy
               que a militar en tu corte   580
               de los piélagos del norte
               vine a ganar fama hoy
               debajo de tu bandera.

Iglesia   ¿Pues cómo, siendo soldado
               en mi milicia alistado,   585
               temes de aquesa manera?

Apostasía   Porque está el contrario fuerte
               en su ciega obstinación.

Iglesia   ¿No ves que es implicación
               ser mío y temer la muerte?   590
               ¿Bautismo?

Bautismo   ¿Qué mandas?

Iglesia   Que
               tengas con este soldado
               desde aquí mucho cuidado,
               que es sospechoso en la fe.

Bautismo   ¿De mi alistado temer   595
               puedes que te ha de faltar?

Iglesia	Sí, que el que empezó a dudar cerca está de no creer.

(Dentro arma.)

Sinagoga	Hoy será el cielo y la tierra de mi gran valor testigo.	600
Iglesia	Ya se acerca el enemigo; arma, arma.	
Todos	Guerra, guerra.	

(Vanse todos sacando las espadas, quiere la Apostasía seguirlos y no puede. Las cajas y trompetas están siempre tocando a tiempos y la batalla se finge dentro.)

Apostasía	¿Qué es aquesto? ¿Cuando veo ir a pelear mi valor se queda atrás? ¿Qué temor es este? ¿Qué dudo y creo? ¡Mas, ay de mí!, que aunque intente ir a morir en defensa de la Iglesia, lo que piensa mi discurso no consiente que dé por ella la vida. ¡Qué extraños misterios son (¡oh Iglesia!) que mi opinión han dejado destruida los tuyos! Pues todos ellos llegando a considerallos, me dan razón de dudallos que me obliga a no creellos. Pero ya la lid trabada	605 610 615

de una y otra parte está.   620
¡Aprensión, déjame ya,
que no quiero saber nada;
mi imaginación destierra!
¡Soldado de la fe soy!
¡Qué cobarde a pelear voy!   625

Todos (Dentro.)   ¡Arma, arma; guerra, guerra!

Unos (Dentro.)   ¡La gran Sinagoga altiva
                       en su libertad primera
                       viva!

Otros (Dentro.)   ¡El Judaísmo muera
                       y solo la Iglesia viva!   630

(Vase y sale por la otra parte Zabulón.)

Zabulón   Aunque lo intento no puedo
                       desechar el temor mío,
                       mas no fuera buen judío
                       si no tuviera buen miedo.
                       ¡Qué trabada, qué sangrienta   635
                       anda la lid a porfía!
                       Sin requiebro, vida mía,
                       entremos los dos en cuenta.
                       -¿De qué provecho es morir
                       un hombre? -De nada, pues   640
                       si me pierdes no hay después
                       otra vida que vivir.
                       -¿No? Luego muy bien harán
                       en guardarte mis pesares
                       y dura lo que durares,   645
                       como si fueras de pan.

	Aquí escondido ver quiero	
	en qué para la batalla,	
	por si se ofrece contalla	
	alguna vez lo primero,	650
	y lo segundo por si	
	se ofrece la fugitiva.	

Todos   ¡Victoria!

Uno   ¡La Iglesia viva!

Todos   ¡Viva!

(Sale la Sinagoga herida en el rostro con sangre huyendo.)

	Sinagoga	¡Ay, infeliz de mí!
		Perdí fama, ser y nombre	655
		en la batalla primera.
		Verdaderamente era
		hijo de Dios aquel hombre
		que maté, pues sobre mí
		y sobre mis descendientes	660
		llueve sangre de inocentes.

Sinagoga

     ¡Ay, infeliz de mí!
     Perdí fama, ser y nombre   655
     en la batalla primera.
     Verdaderamente era
     hijo de Dios aquel hombre
     que maté, pues sobre mí
     y sobre mis descendientes   660
     llueve sangre de inocentes.

Zabulón   Buen llover.

Sinagoga   ¿Quién está aquí?

Zabulón   No sé.

Sinagoga   ¿Eres soldado mío?

Zabulón   Que soy solo sé saber....

Sinagoga	¿Qué?
Zabulón	Lo menos que hay que ser.	665
Sinagoga	¿Pues qué eres?
Zabulón	Pobre y judío.
Sinagoga	Si hebreo eres dile a quien

Sinagoga

Si hebreo eres dile a quien
siguiéndome viene (¡ay triste!),
que a tu Sinagoga viste
salir de Jerusalén 670
a los ásperos desiertos,
con pasos tan fugitivos
que por huir de los vivos
va tropezando en los muertos.
El tercio de los romanos 675
tan a su cargo tomó
la venganza del que yo
maté con ajenas manos,
que rompiendo mi poder
con fuga me obliga a ir 680
sin tener dónde vivir
ni aun dónde morir tener.
Y pues (¡mi dolor me ahoga!)
jamás (¡mi furor me abrasa!)
tendrá templo, ara, ni casa 685
desde hoy la Sinagoga,
a mis hijos les dirás,
ya que han de vivir sin mí,
que porque la Iglesia aquí
de ellos no triunfe jamás, 690
a Roma obedeceré
y que a su Gentilidad

favor pediré y piedad
aunque sujeción la dé,
porque en sus sacros altares   695
no triunfen cristianos viles,
y así voy a los gentiles
que sean mis auxiliares,
a cuyo efecto, pues ya
la Sinagoga no soy,   700
la esclava nación desde hoy
mi nombre infeliz será.

(Vase.)

Zabulón   Cuanto me dices hacello
ofrezco de esa manera,
y eso y mucho más dijera   705
si yo me acordara de ello.
Pero ¿quién me mete a mí
sino en ser país neutral
y de la Iglesia parcial
puesto que hoy triunfar la vi?,   710
que esto de viva quien vence
es la más sana opinión
de los que gallinas son.
Aquí mi industria comience
a declararse y pues veo   715
que cantando a esta victoria

(Los Instrumentos   viene la Iglesia la gloria,
Dentro.)   introducirme deseo
con ella, porque así es llano
guardo el individuo mío,   720
con los judíos, judío,
con los cristianos, cristiano.

(Salen los Músicos cantando, el Bautismo, la Oración, la Penitencia, y Orden Sacerdotal, todos con ramos y flores, arrojándolos a sus pies y bailando.)

Músicos	¡Viva la militante	
	divina Iglesia	
	y a pesar de enemigos	725
	triunfante sea!	
	Esto se baila siempre	
Bautismo	Coronen al Serafín	
	que la primer lid venció	
	las flores de Jericó	730
	y las palmas de Efraín.	
Oración	Dele el primero jardín	
	rosas de su primavera.	
Músicos	¡Y a pesar de enemigos	
	triunfante sea!	735
Sacerdocio	Ciñan sus sienes altivas,	
	coronada unión de fieles,	
	del Líbano los laureles,	
	del Olivet las olivas.	
Penitencia	Inmortal al tiempo vivas,	740
	y tu militante esfera....	
Músicos	¡A pesar de enemigos	
	triunfante sea!	
Zabulón	De todos esos jodíos	
	que te hacen oposición	745

	hagas tal inquisición	
	que les abajes los bríos,	
	aunque los abuelos míos	
	sean leña de su hoguera.	

Músicos   ¡Y a pesar de enemigos   750
               triunfante sea!

Bautismo   ¿Quién sois, que os ignoro?

Zabulón   ¿Yo?
               Pues si yo quién soy supiera,
               ¿en decíroslo qué hiciera?

Iglesia   ¿No es nuestro soldado?

Bautismo   No.   755

Zabulón   ¿Hay más de sello?

Iglesia   ¿Pues cómo
               aquí estáis?

Zabulón   Como he llegado
               a vivir desengañado,
               y vengo y ¿qué hago? Tomo
               y pásome acá porque   760
               quiero ser al rey leal.

Iglesia   Bautismo, con tu señal
               plaza le asienta.

Bautismo   Sí haré,
               porque con piadosos modos

| | a nadie negarme espero. | 765 |

| Zabulón | Pues hágase uced dinero,
verá si se niega a todos. |

| Bautismo | ¿Cómo os llamáis? |

| Zabulón | Zabulón. |

| Bautismo | Juan os llamaréis por ser
gracia. |

| Zabulón | Bien la he menester. | 770 |

| Iglesia | Ya que en aquesta ocasión
piadoso el cielo me ha dado
esta primera victoria,
démosle al cielo la gloria;
cantad mi felice estado. | 775 |

| Músicos | ¡Viva la militante
divina Iglesia
y a pesar de enemigos
triunfante sea!
De su eterna primavera
goce la felicidad. | 780 |

(Estando bailando, arma dentro y alborótanse todos.)

| Todos (Dentro.) | ¡Viva la Gentilidad,
la Fe católica muera! |

| Iglesia | ¿Qué es aquesto? |

Zabulón	¿Cuánto va,
	si se ofrece otro rumor 785
	que llevamos lo peor
	agora que estoy yo acá?
Iglesia	¿Quién temerario interrumpe
	con acentos militares
	las alabanzas que al cielo 790
	suben cortando los aires?
Apostasía (Sale.)	Católica monarquía,
	no así tus victorias cantes
	sin ver los contrarios que
	te cercan por todas partes. 795
	Aquesta nación traidora,
	que con violencias tan graves
	conspiró contra su rey
	hasta llegar a matarle
	a su segunda persona, 800
	y soberbia y arrogante
	tocó cajas, armó gente
	y arboló sus estandartes,
	viéndose oprimida y que
	no tiene fuerzas bastantes 805
	para resistir la entrada
	que en ella tus armas hacen,
	y viendo cuánto deshecha,
	postrada y rendida yace
	su Sinagoga, que fue 810
	la diputación que a tales
	levantamientos la indujo,
	sin providencia y sin arte,
	llamó a la Gentilidad
	que la defienda y ampare, 815

a quien ha entregado todas
sus fuerzas más principales,
concediéndola el gobierno
de sus armas con tan grandes
rendimientos que admitiendo   820
cabezas y generales,
esclava vive, que esclava
es la que en parcialidades
por huir de un enemigo
de otro enemigo se vale.   825
La obediencia dio en efecto,
de suerte que a gobernarles
los francos romanos (francos,
porque no conoce a nadie
el romano imperio) vienen   830
dueños ya más que auxiliares.
Tan vil es su obstinación
ciega, alevosa y infame
que quieren perder con ellos
todas sus inmunidades   835
más que obedecerte a ti,
pues lo primero que hacen
los gentiles es hacerles
que contribuyan y paguen,
de modo que a servidumbres   840
reducen sus libertades,
dando a la Gentilidad
el Judaísmo vasallaje.
Unidos, pues, los hebreos
y gentiles a buscarte   845
vienen por esas campañas
vagando en tropas errantes,
sin pesadumbre los montes,
sin gravedad las ciudades.

Proponiendo vienen todos, 850
en sus rencores iguales,
que se han de anegar los ríos
de tu derramada sangre
hasta que la acción perdida
de tus patrimonios reales, 855
su república les dejes,
su tierra les desampares,
y es tal su furor que pudo
en los primeros combates
dar con crueles tormentos 860
muerte a infinitos infantes,
y robando a tus tesoros
lo más rico en el bagaje
dio donde en mujeres solas
de once mil hizo un cadáver. 865
Tu poder contra dos fuerzas
unidas y fuerzas tales,
no es posible que te libre,
no es posible que te guarde;
y mas si los ojos vuelves 870
a ver sobre aquesos mares
otra montaña de pino,
que errando al arbitrio fácil
del viento, te corta el paso,
el comercio te deshace 875
y la comunicación
con galeras y con naves.
Mira, pues, lo que has de hacer
contra tanto poder, antes
que vencida de sus iras, 880
postrada de sus corajes,
ningún partido te acepte.
Tu gente rendida yace

de la pasada campaña,
y cuando fortificarte   885
quieras en aqueste monte,
¿cómo podrás excusarte
de morir a breve tiempo,
pues bastimento no traes,
a los embotados filos   890
de la sed y de la hambre?,
si ya entender a la letra
no quieres en este trance
lo del mandar Dios comer
los inmundos animales.   895

Iglesia   Calla, calla, no prosigas,
que temeroso y cobarde
a mi majestad ofendes,
dando a entender que no sabes
que yo mirarme afligida   900
de rigores y crueldades
puedo tal vez, mas no puedo
nunca vencida mirarme,
que en mi primitiva edad
podían enemigos grandes   905
afligirme pero no
consumirme ni acabarme,
porque son mis duraciones
mayores que las edades.
Y tú, Oración, pues que eres   910
aquella divina ave
llena de gracia que al cielo
las esferas celestiales
penetrar puedes, al viento
las bellas plumas esparce: 915
sube al cielo, entra al impíreo

y dile al rey de mi parte
la persecución que espero,
que me socorra y ampare,
enviándome en auxilios   920
suficientes y eficaces
pan y vino, de quien constan
sus Socorros generales.

(En un vuelo de elevación sube la Oración poco a poco cantando, y en lle-
gando arriba se deshace de la canal y en bofetón da vuelta a la otra parte.)

Oración   Ya mi fervorosa instancia
                   las doradas alas bate   925
                   y elevada sobre mí
                   rompo la esfera del aire.

Iglesia   Repite en sonoras voces
                   de parte de los leales
                   al rey que el empíreo asiste   930
                   sobre tronos de diamantes.

Todos   Dios inmenso,
                   Dios grande,
                   escucha el llanto
                   que los fieles hacen.   935

(La Música cantando y la Iglesia y los demás representando dicen estos
versos de arriba, y canta sola la Oración.)

Oración   Sitiada vive en los montes
                   la Iglesia por todas partes,
                   los enemigos la embisten,
                   los contrarios la combaten.

Todos	Dios inmenso,	940
	Dios grande,	
	escucha el llanto	
	que los fieles hacen.	

Oración	Si son merecidas iras,	
	Señor, de sus culpas graves,	945
	las voces de la Oración	
	te enternezcan y te ablanden.	

Todos	Dios inmenso,	
	Dios grande,	
	escucha el llanto	950
	que los fieles hacen.	

(Desaparece la Oración.)

Iglesia	Ahora, pues no podemos	
	salir con fuerzas iguales	
	a pelear a la campaña,	
	montes y peñas nos guarden,	955
	que no es bien que de una vez	
	las raíces nos arranquen	
	de nuestro ejército y pierda	
	el rey en aquesta parte	
	la posesión que ya tiene,	960
	y así por ahora trate	
	contra este unido poder	
	mi valor fortificarse.	
	Cíñase aquesta montaña	
	de diez fuertes baluartes,	965
	pues consisten mis victorias	
	solo en que ellos diez se guarden	
	en el corazón; después	

del recinto que ellos hacen,
hagan frente de banderas 970
los doce tercios constantes
en su fe; los siete vivos
cabos que su sueldo traen,
acerca de mi persona
me asistan y me acompañen 975
en esta forma: la puerta
el Bautismo me la guarde
porque entrar no pueda alguno
sin que por sus listas pase;
la ronda continuamente 980
(por si acaso algún infante
ignorando el ser quién es
dentro de la plaza se halle)
tenga la Confirmación,
que le haga el segundo examen; 985
la casa de municiones
a donde están los pesares,
silicios, llantos, ayunos,
penas y calamidades,
la tenga la Penitencia 990
donde los soldados se armen;
el almacén en que están
las raciones de los panes,
la Comunión tome a cuenta
pues ella es quien los reparte; 995
de los enfermos y heridos
los piadosos hospitales
la Extremaunción los visite;
la capilla que ha de armarse,
la Orden Sacerdotal 1000
la rija, gobierne y mande;
las matronas que a este sitio

venir quisieren constantes,
se alberguen y se recojan
en la casa del bagaje,   1005
de quien será dignamente
el Matrimonio el alcaide.
A las postas que nos velan
siempre por nombre ha de darse
solo un Dios; las contraseñas,   1010
porque traidores no engañen,
diferentes han de ser,
añadiendo al admirable
nombre de Dios solo, otros
atributos celestiales   1015
como Dios solo, humanado,
nacido de Virgen Madre,
Dios solo, sacramentado
por misterio inescrutable.
Pues con este orden en todos   1020
resistiremos leales
la invasión de los tiranos
hasta que del miserable
sitio, en que la primitiva
Iglesia hoy está, la saque   1025
del católico monarca
los Socorros generales.

Bautismo   Cualquiera a su cargo atento,
                    cuidadoso y vigilante
                    asistirá....

Apostasía   Sino yo,   1030
                    que temeroso y cobarde,
                    me aflige mi pensamiento.

Penitencia	Ninguno en la fe desmaye
	y demos principio todos
	a los continuos afanes 1035
	de las fortificaciones.
Sacerdocio	Como Penitencia hablaste.
	Vamos todos.
Zabulón	¿No es mejor
	que antes que trabajar mandes
	mandes que nos den raciones, 1040
	porque no hay fuerzas con hambre?
Iglesia	Sí; la Comunión dará
	pan a todos al instante.
Apostasía	¡Para mí es buena ración
	pan que no me satisface 1045
	ni hallo en él substancia alguna!
Iglesia	Venid y no tema nadie
	el sitio, pues el socorro
	no es posible que nos falte,
	y más si ya la Oración 1050
	pisó al cielo los umbrales,
	cuyas voces repitiendo
	le dicen de nuestra parte.
Todos	Dios inmenso,
	Dios grande, 1055
	escucha el llanto
	que los fieles hacen.

(Vanse todos y queda Zabulón.)

Zabulón	¿Quién, sin qué ni para qué
	a mí me metió en andarme
	a jugar con el Bautismo 1060
	a «pásate acá, compadre»?
	Pero ahora que caigo en ello,
	¿habrá más calamidades
	que las mías? ¡Judío, pobre
	y desgraciado! ¿A qué parte 1065
	el pan se repartirá?
	Ya que dicen dos refranes
	«los duelos con pan son menos»
	y «no hay mal pan a buen hambre»...
	mas la casa me dirá 1070
	este que ya con él sale.
	Soldado, ¿dónde ese pan
	se da?

(Sale la Apostasía con una como forma grande, divertido, mirándola.)

Apostasía	¡Qué sé yo!
Zabulón	Escuchadme.
Apostasía	¿Cómo puede ser que sea
	carne aquesto?
Zabulón	¿Aquesto carne? 1075
Apostasía	¿Y sangre, cómo es posible?
Zabulón	Diciendo está disparates.
	Pan es aqueso en mi tierra,
	mas hácese carne y sangre

si se come con provecho. 1080

(Dale haciendo una exclamación un golpe.)

Apostasía   ¡Necios discursos, dejadme!

Zabulón   ¿Pues soy yo necio discurso?

Apostasía   ¿Quién es quien está aquí?

Zabulón   Nadie,
porque ya no es.

Apostasía   Perdonad
si os di, que esto fue admirarme. 1085

Zabulón   Yo lo hago, pero admiraros
pudierais de esotra parte,
y decirme en pago dónde
aquese pan se reparte.

Apostasía   Pedidle a la Comunión. 1090

Zabulón   Decidme, así Dios os guarde,
¿habéis comido ya mucho
del que os dieron?

Apostasía   Ni aun probarle
hasta ahora quise.

Zabulón   Luego
¿cree la Iglesia que es bastante 1095
solo un bocado de pan
que me dará a sustentarme?;

pues no suelo yo tener
harto con catorce panes.
¡A buena dieta he venido!   1100
¡Pardiez, yo he echado buen lance!

(Vase.)

Apostasía   Blanca cifra en quien la fe
lo figurado me da
de aquel llovido maná
que unión de sabores fue,   1105
si te veo pan ¿podré
persuadir a mi deseo
que eres carne? Es devaneo
que en las dudas con que lucho
no he de creer lo que escucho   1110
primero que lo que veo.
Fruta en el árbol cogida
de la vida y de la muerte,
pues das de una misma suerte
a unos muerte y a otros vida,   1115
si pan toco en su comida
¿cómo a creer me provoco
ser carne? Fuera estar loco
que contra mi parecer
lo que oigo no he de creer   1120
primero que lo que toco.
Bello rocío que llora
cuajado sobre el vellón
de la piel de Gedeón
el rosicler de la aurora,   1125
si pan gusto y huelo ahora,
¿cómo a presumir me ajusto
ser carne y sangre? ¡Es injusto

rigor! ¡Precepto es severo
creer lo que dicen primero   1130
que lo que yo huelo y gusto!
Luego si eres pan no más
a la vista, pan al tacto,
pan al gusto y al olfato,
pan al oído serás   1135
y en tu fracción lo verás,
fuera de que no es piedad
en tanta dificultad
persuadirme a que atrevidos
me mientan cuatro sentidos   1140
y uno me diga verdad.
Pues si no lo he de creer
siempre luchando conmigo,
pasareme al enemigo
que yo no he de padecer,   1145
pues no puedo merecer,
ni del hambre la porfía
ni de la sed la agonía.
De la Iglesia huyendo iré,
con cuya fuga daré   1150
principio a la Apostasía.

(Córrense las cortinas y queda la muralla descubierta.)

Ya la fábrica que sube
a estrechar el horizonte
empezando en este monte,
remata en aquella nube.   1155
¿Cómo el intento que tuve
en ejecución pondré?
¿Cómo del sitio saldré?
Pero ya lo he imaginado:

un caballo desbocado   1160
(que mi pensamiento fue)
está allí puesto; en él quiero
salir de este oscuro abismo;
la puerta guarda el Bautismo
que es por donde entré primero;   1165
atropellándole espero
librarme de su castigo.

(Vase y dice el primer verso dentro el Bautismo, y disparando sale por una
puerta y la Iglesia por otra.)

Bautismo   Tiralde, tiralde digo.

(Disparan.)

Iglesia   ¿Qué arma es la que se tocó?
                      ¿Viene el enemigo?

Bautismo   No,   1170
                      que antes se va el enemigo.

Iglesia   ¿Cómo?

Bautismo   Como un cancerado
                      miembro tuyo forajido
                      la línea al sitio ha rompido
                      donde te has fortificado.   1175
                      Al contrario se ha pasado
                      atropellando por mí,
                      que plaza le senté y di
                      tu sueldo, y con él se huyó
                      llevándose, mi fe no,   1180
                      pero mi carácter sí.

Iglesia	¿Por qué, soldado, por qué
	de mi cristiana milicia
	te ha ausentado tu malicia?

| Apostasía (Dentro.) | Por las dudas de tu fe. | 1185 |

| Iglesia | ¿En qué sacramento, en qué |
| | misterio dudar te hacía? |

| Apostasía (Dentro.) | En el de la Eucaristía. |

Iglesia   ¡Ay de ti infeliz! ¡Ay triste!,
que sacramentario diste   1190
principios a su herejía.
Y ¡ay de mí!, que viendo ya
que este al contrario se pasa,
como ladrón que es de casa
mis pocas fuerzas podrá   1195
decir, y aunque no dirá
que hay flaqueza alguna en mí,
pues siempre constante fui,
dirá el asedio en que estaba,
el peligro en que me hallaba   1200
y el hambre que padecí,
para que el verme afligida
más esperanzas les dé
de las victorias en que
pierdan mis hijos la vida.   1205
Si eres oveja perdida
y si eres halcón en celo,
ten el paso, abate el vuelo,
no a dueño pases extraño.
Vuelve, oveja, a mi rebaño,   1210

vuelve, halcón, a mi señuelo.
No me escucha y ya volando
en su mismo pensamiento,
con ser tan ligero el viento
atrás se le va dejando.   1215
Este daño reparando
conviene poner dobladas
las centinelas y armadas
que sus engaños prevengan
y teniendo un nombre, tengan   1220
las contraseñas mudadas.
Asegúrese el castigo
de este enemigo mayor,
pues quien fue amigo traidor
será mayor enemigo.   1225

Bautismo   Siempre tus órdenes sigo,
                  ¿pero tú lloras, señora?

Iglesia   ¿No soy madre?

Bautismo   ¿Quién lo ignora?

Iglesia   Luego bien llorar pretendo
                  pues no es madre la que viendo   1230
                  perdido un hijo no llora.

(Vanse. Descúbrese la Apostasía en un caballo, que da vuelta al teatro, y
llegue donde pueda apearse de él y bajar al tablado.)

Apostasía   Caballo desbocado
                  el Espíritu Santo me ha llamado
                  en la Sabiduría
                  a mí, por ser la bárbara Herejía,   1235

y así es mi pensamiento
veloz y desbocado como el viento.
¡Romana monarquía!
¡Familia hebrea! Tú, que en este día
las católicas armas aborreces,   1240
y tú que a echarlas del país te ofreces.
¡Ruina del tiempo! ¡Asunto de la fama!

(Sale la Sinagoga por una parte, vestida de negro, con bastón; la Gentilidad por otra, con corona de laurel y bastoncillo a lo romano.)

Sinagoga	¿Quién pronuncia mis señas?
Gentilidad	¿Quién me llama?
Apostasía	Un nuevo aventurero
	que a los dos agregado servir quiero. 1245
Sinagoga	Desciende y di quién eres.
Apostasía	Yo soy, pues lo preguntas y oírlo quieres,
	de la Iglesia un vasallo forajido,
	miembro apartado y hijo aborrecido.
	A dar vengo favor en tanto abismo 1250
	a la Gentilidad y al Judaísmo
	contra la Iglesia, porque el mundo diga
	que los tres componemos esta liga
	de sus persecuciones.
Gentilidad	Sean mis brazos
	puerto tuyo.
Sinagoga	Y los míos dulces lazos, 1255
	cuyo gran nudo fuerte

romper podrá, no desatar, la muerte;
y pues del sitio vienes
danos dél las noticias que dél tienes.

Apostasía   La Iglesia militante   1260
                   que espera que ha de ser presto triunfante,
                   en esta edad primera
                   en su persecución infeliz era,
                   huyendo a un tiempo mismo
                   de la Gentilidad, del Judaísmo   1265
                   y ya de la Herejía,
                   pues los tres la seguimos a porfía.
                   De los montes se ampara
                   con aflicción tan grande y con tan rara
                   necesidad (aunque constante ella)   1270
                   que no hay en toda esa montaña bella
                   manjar alguno en que alimento tome,
                   ni lecho alguno en que descanso pruebe;
                   pan de dolores solamente come,
                   agua de llanto solamente bebe,   1275
                   y son sus penas tales
                   que sus soldados comen animales
                   inmundos; y es tan cierto,
                   que Juan comió langostas del desierto
                   y todos en asedios de la guerra   1280
                   las silvestres legumbres de la tierra,
                   de suerte que parecen fugitivos
                   por los desiertos esqueletos vivos.
                   La ración que ya a darles ha llegado
                   es de pan sin sabor solo un bocado,   1285
                   y hacerles creer intenta
                   que este bocado solo los sustenta,
                   y aun este, que es el pan de cada día
                   y el vino que tenía,

yo se lo he derramado, 1290
pues que yo sus misterios he negado
con que es fuerza que presto os obedezca
o mísera perezca
en aquesa montaña,
a quien el Sol corona y el mar baña. 1295

Gentilidad   Poco triunfo me adquiere
verla morir de hambre, pues no muere
a filos de mi acero
cuando su sangre derramar espero,
y así porque la historia 1300
no atribuya a su pena mi victoria,
sus fortificaciones
mañana han de embestir mis escuadrones,
a cuyo efecto quiero
los puestos conocer, y pues ya el fiero 1305
horror confuso de la noche baja
envolviendo en su lóbrega mortaja
el cadáver del Sol, de cuyas bellas
luces ya son pavesas las estrellas,
por mi persona he de acercarme al muro. 1310

Sinagoga   Contigo habemos de ir.

Gentilidad   Yo voy seguro
conmigo, mas venid porque veamos
los tres mejor por dónde la embistamos.
Algunas tropas de retén nos sigan
por si a pelear sentidos nos obligan. 1315

(Van los tres tomando la vuelta al tablado, y salen por la otra parte el Sacerdocio, el Bautismo y la Penitencia con armas de fuego.)

Bautismo	Este puesto primero es el que siempre yo guardar espero.
Penitencia	A mí aquesta subida me ha tocado, que es la segunda fuerza.
Sacerdocio	A mi cuidado la vela de esta noche está fiada. 1320

(Pónense en orden, el Bautismo el primero, la Penitencia el segundo y el Sacerdocio el tercero.)

Apostasía	Parece que la posta está doblada.
Bautismo	Solo un Dios es el nombre.
Penitencia	Y humanado, mi contraseña.
Sacerdocio	En mí sacramentado.
Apostasía	Yo llegaré, que puedo dar el nombre.
Gentilidad	Mi valor es preciso que se asombre 1325 de que otro antes que yo llegue a la puerta.

(Quédanse Apostasía y Judaísmo, y adelántase la Gentilidad.)

Bautismo	Gente he sentido, alerta.
Penitencia	Alerta.
Sacerdocio	Alerta.

Gentilidad	De mi valor los cielos sean testigos.
Bautismo	¿Quién allá viene?
Gentilidad	Amigos son.
Bautismo	¿Qué amigos?
Gentilidad	Soldado del cuartel.
Bautismo	Hágase fuera, 1330 diga, ¿quién vive?
Gentilidad	¡Confusión es fiera, que ya las armas todos aperciben!
Bautismo	¿Quién vive?, digo.
Gentilidad	¿Quién? Los dioses viven.
Bautismo	Alárguese o la muerte le prevengo que un solo Dios es nombre que yo tengo. 1335
Gentilidad	Conociome, la muerte tuve cierta.

(Vuelve a los dos.)

Sinagoga	Yo he de llegar.
Bautismo	Alerta.
Penitencia	Alerta.
Sacerdocio	Alerta.

Bautismo	¿Quién allá viene?
Sinagoga	Amigos.
Bautismo	Hacer alto.
Sinagoga	Aun del aire mi pecho vive falto.
Bautismo	¿Quién vive, antes que el fuego mío le abrase? 1340
Sinagoga	Solo un Dios vive y reina.
Bautismo	Es verdad, pase.
Sinagoga	No mentí que mi ley en bronce escribe: «Solo el Dios de Israel es el que vive».

(Pasa al segundo.)

Apostasía	La primer posta paso dio al Judaísmo.
Gentilidad	¡En cólera me abraso! 1345
Penitencia	¿Quién viene allá?
Sinagoga	Un soldado.
Penitencia	¿El nombre?
Sinagoga	Ya le he dado, «Solo un Dios vive» he dicho, esto me enseña mi ley.

Penitencia	Diga más.
Sinagoga	¿Qué?
Penitencia	La contraseña.
Sinagoga	Solo un Dios hay, la seña es que se espera. 1350
Penitencia	¿No está humanado?
Sinagoga	No.
Penitencia	Lárguese fuera.

(Vuelve a los dos por detrás del Bautismo la Sinagoga.)

Sinagoga	Basta que hay solo un Dios bien llegar pude,
	que está humanado es fuerza que lo dude
	y así vuelvo a los dos de temor muerta.
Apostasía	Yo he de ir ahora.
Bautismo	Alerta.
Penitencia	Alerta.
Sacerdocio	Alerta. 1355
Bautismo	¿Quién vive?
Apostasía	Solo un Dios.
Bautismo	Pase, soldado.

Penitencia	¿Quién vive?
Apostasía	Solo un Dios.
Penitencia	Seña.
Apostasía	Humanado.
Gentilidad	Dos postas ha pasado.
Sinagoga	A la Fe pía, más que los dos se acerca la Herejía.
Sacerdocio	¿Quién viene allá?
Apostasía	Que vive un Dios confieso 1360 y que humano es también, parece exceso pedir más.
Sacerdocio	Contraseña da, soldado.
Apostasía	Muerto en cruz.
Sacerdocio	¿No decís sacramentado?
Apostasía	No.
Sacerdocio	Pues largad, largad luego al momento.
Apostasía	Yo he de pasar.
Sacerdocio	Quien niega el sacramento 1365 y entrar pretende, el fuego le destierra.

(Dispara y dicen dentro.)

Iglesia (Dentro.)	La posta disparó.
Todos	Arma, arma, guerra.
Apostasía	Descubiertos nos vemos.

(Cajas.)

Gentilidad	Aváncense las tropas que traemos	
	y por fuerza rompamos.	1370

(Salen los que pudieren con armas.)

Iglesia	Los muros de la Iglesia defendamos.
Unos	A retirarse, postas.
Todos	Cierra, cierra.
Gentilidad	A embestir.
Todos	Arma, arma, guerra, guerra.

(Éntranse las postas y los otros tras ellas peleando, y hácese dentro la batalla y sale Zabulón como aturdido.)

Zabulón	Con la grande confusión	
	que esta interpresa me ofrece,	1375
	escaparme me parece	
	que será puesto en razón,	
	que no es posible sufrir	

los ayunos que han tenido
los que leales han sido,   1380
y yo no quiero morir
de tan riguroso mal
que lo más que sus porfías
dan de plazo son tres días.
¡Cuerpo de tal y de cual,   1385
los dientes que en lid penosa
muestran los fieles valientes!
Mas ¿qué hacen de mostrar dientes
si no sirven de otra cosa?
¿Por dónde podré escapar?   1390

(Sale la Gentilidad.)

Gentilidad   Pues que no puede romper
                    sus muros nuestro poder,
                    soldados, a retirar.

(Caja.)

Zabulón   A retirar han tocado,
                    parece que hablan conmigo.   1395

Gentilidad   ¿Quién va? ¿Quién es?

Zabulón   Un amigo.

Gentilidad   ¿Qué amigo?

Zabulón   Un amigo honrado.

Gentilidad   ¿Eres gentil?

Zabulón	Lo seré
	si importare a la maraña
	y si el talle no me daña. 1400
Gentilidad	¿Cómo te llamas?
Zabulón	No sé.
	Judío fui Zabulón,
	Juan cristiano; y si a tener
	llego ahora gentil acción
	Nerón seré y vendré a ser 1405
	Zabulón Juan de Nerón.
Gentilidad	Si has visto antes que te deje....
Zabulón	¿Hay suerte como la mía?
Gentilidad	Me di....
Zabulón	¿A quién?
Gentilidad	A la Herejía.
Zabulón	No, que hubiera sido hereje. 1410
Gentilidad	¿Y al Judaísmo?
Zabulón	Tampoco.
Gentilidad	Soldados, a retirar
	pues no podemos lograr
	(¡estoy de cólera loco!)
	en sus fortificaciones 1415
	vencer los fuertes soldados

de la Iglesia; rechazados
vuelvan nuestros escuadrones.

(Salen por una parte la Sinagoga y por otra la Apostasía.)

Sinagoga	Gentilidad valerosa.	
Apostasía	Coronada monarquía.	1420
Gentilidad	Judaísmo, Apostasía.	
Sinagoga	Empresa dificultosa	
	intentamos conseguir,	
	que estando fortificada	
	la Iglesia y de sí murada	1425
	no se puede consumir.	
Gentilidad	Retirémonos que presto	
	su mucha necesidad	
	la consumirá.	
Apostasía	Es verdad	
	que aunque el socorro ha dispuesto	1430
	su rey, ¿cómo podrá entrar	
	si haciéndole estamos guerra	
	dos ejércitos por tierra	
	y una armada por la mar?	
Gentilidad	Pues para que sea el poder	1435
	en todas partes igual,	
	tú, desde hoy general	
(A la Apostasía.)	de nuestra armada has de ser.	
	Aquí quedamos los dos;	
	embárcate tú.	

Sinagoga	Y es bien	1440
	que a él este cargo le den,	
	que si de su rey o Dios	
	su socorro es pan y vino,	
	si él el pan y vino niega,	
	bien la armada se le entrega	1445
	que ha de impedirle el camino.	
Apostasía	En la Sagrada Escritura	
	las aguas tribulaciones	
	se interpretan; mis pasiones	
	lo son; luego no es locura	1450
	ser yo general del mar,	
	y entre mis soldados quiero	
	llevar a aqueste el primero.	
Zabulón	¿Por qué me quieres llevar?	
Apostasía	Porque cualquiera que deje	1455
	la religión que tomó	
	es mío.	
Zabulón	¿No lo dije yo	
	que tengo cara de hereje?	
Gentilidad	Pues de esta unión lisonjera	
	pende nuestra fama altiva.	1460
	¡Viva nuestra liga!	
Los dos	¡Viva!	
Gentilidad	¡Y muera la Iglesia!	

Los dos	¡Muera!

(Salen en el muro la Iglesia, la Penitencia, Sacerdocio y Bautismo.)

Iglesia	No podrá, no, porque siempre	
	que esté con constante esfuerzo	
	fortificada en la tierra	1465
	y su Oración en el cielo,	
	en sí misma está segura	
	por más contrarios que fieros	
	la sitien y la persigan.	
	En vosotros podéis verlo	1470
	pues validos de la noche	
	de vuestros discursos ciegos,	
	de la interpresa volvéis	
	derrotados y deshechos.	

Penitencia	Es verdad, pero, señora,	1475
	dame licencia te ruego,	
	pues la Penitencia soy	
	que a tus soldados mantengo,	
	para decirte que hay muchos	
	que a la Apostasía siguiendo	1480
	no quieren sufrirme, y ya	
	escapando del asedio	
	al enemigo se pasan.	

Sacerdocio	Segura estás de mi pecho	
	pues Orden Sacerdotal	1485
	me hiciste. Lo que te advierto	
	es que aquestos forajidos	
	en mil religiosos templos	
	el pan y vino han quemado	
	que es nuestro mayor sustento.	1490

Iglesia	¡Señor, duélete de mí!	
Bautismo	Ya las esferas rompiendo del aire una hermosa nube, se ven los cielos abiertos.	

(Baja en una nube la Oración.)

Penitencia	En ella la Oración viene.	1495
Sacerdocio	Lo que mereció escuchemos.	
Oración	Católica emperatriz, que en el miserable asedio de tu primitiva edad padeces tan largo cerco.	1500
Iglesia	¿Qué quieres, virtud hermosa, vocal y mental concepto de los fieles que te envían a las cortes del imperio?	
Oración	Albricias vengo a pedirte.	1505
Iglesia	¿Qué has alcanzado?	
Oración	Que presto la nave del mercader, que de las Indias del cielo cargada viene de trigo, tomará en tus mares puerto. Oyó tus piadosas voces, oyó tus suspiros tiernos	1510

69

el rey y compadecido
de tus devotos lamentos
mandó juntar sus armadas   1515
en Cáliz, a donde haciendo
provisión del pan y el vino,
que son tus mantenimientos,
previno luego el socorro
que es tu más seguro centro.   1520
Los blandos soplos del austro
lo traen, que fuera defecto
que a socorros que hace el Austria
faltaran austriales vientos.
Ya el enemigo del mar   1525
en través le espera puesto
y el de tierra con las armas
en la mano, lo ve atento
desde la campaña donde
aguarda el feliz suceso.   1530

(Salen por las dos puertas del tablado los que pudieren marchando, y detrás de unos la Gentilidad, y de otros la Sinagoga. Descúbrense en dos bofetones dos naves disparando; en la una está la Apostasía, la cual tendrá las ondas de fuego y banderas negras y todo el vaso negro; en la otra Pedro, la cual será pintada de colores alegres, por fanal un cáliz grande con su hostia y todas las banderas blancas, con el sacramento pintado, y en los remates de las gavias en cada una un cáliz y alguna gente vestidos de Marineros. Prosigue la Oración.)

Oración   Ya se embisten, ya pelean;
                   mas ¿para qué lo refiero,
                   si desde tus altos muros
                   también alcanzas a verlo?

Iglesia   No desciendas, Oración,   1535

pendiente te está en el viento,
pues mientras Aarón orando,
Moisés estaba venciendo.

Gentilidad   En esta batalla estriba,
                república, tus trofeos.   1540

Sinagoga   Pendiente el alma de un hilo
                vivo hasta ver el suceso.

Pedro   Bastardo pájaro aleve
                del mar, cuyo atrevimiento
                te dio para que volases   1545
                alas de cáñamo y lienzo.

Apostasía   Bastardo pez de los golfos
                del aire, cuyos alientos
                para nadar te otorgaron
                escamas de pino y hierro.   1550

Pedro   ¿Cómo a mi poder te opones,
                que traigo el trigo sabiendo
                de la India del oriente,
                que es de la Iglesia alimento?

Apostasía   Como el pan de aquese trigo   1555
                sacramentado no creo,
                y te lo he de echar a fondo
                en esta lid de argumentos.

Pedro   ¿Cómo a fondo le echarás,
                ciego apóstata, si es cierto   1560
                que en él viene Dios?

Apostasía	No viene.
Pedro	Pues que niega, dale fuego a este miembro cancerado.
(Disparan.)	
Apostasía	Yo solas especies veo, y la substancia de pan. 1565
(Disparan.)	
Pedro	Que ves especies es cierto; substancia, no; porque al punto que le hicieron sacramento aquellas cinco palabras, misterio de los misterios, 1570 milagro de los milagros, portento de los portentos, huyó del pan la substancia, dejando en él la del cuerpo de Cristo sacramentado. 1575
(Disparan.)	
Apostasía	Yo substancia de pan veo, yo substancia de pan gusto, yo substancia de pan huelo, yo substancia de pan toco, ¿pues cómo puede ser cierto 1580 lo que me dice el oído?
Pedro (Disparan.)	Dale fuego. Dale fuego, que eso es fácil de creer,

	con que es de la fe secreto	
	y la fe por el oído	1585
	cautiva el entendimiento.	

Apostasía   ¿Quién lo dice?

Pedro   Dios lo dice;
su voz es rayo y es trueno.

Apostasía   Con esa palabra sola
me has ganado el barlovento.   1590
Los vientos austriales son
siempre a mi facción opuestos,
porque mayor enemigo
que cuando es austrial no tengo.
Ingratos me desamparan   1595
los nortes que son mis vientos;
toma al mar la habitación,
piloto, el cabo doblemos
de la patria, la campaña
del mar ya por tuya dejo: 1600
mete el socorro de trigo
en la Iglesia, pues no puedo
impedir ya sus socorros
y es fuerza volver huyendo.

(Escóndese la nave.)

Pedro   A tierra, a tierra.

Sinagoga   ¡Qué miro!   1605
Seguro le deja el puerto
tu general al socorro.

Gentilidad	¡De ira rabio!
Sinagoga	¡De horror tiemblo!

(La nave de San Pedro llega a la muralla de la Iglesia.)

Bautismo	Ya se acerca nuestra nave.	
Iglesia	Si está la Oración pendiendo	1610
	entre nosotros y Dios	
	cierto estaba el vencimiento.	
Sinagoga	Antes que a tierra echar puedan	
	ahora los bastimentos	
	embistamos.	
Gentilidad	No es posible	1615
	que están muy fuertes adentro.	
Sinagoga	¿Pues qué has de hacer?	
Gentilidad	Levantar	
	el sitio pues no podemos	
	ni asaltarla, ni quitarla	
	jamás el mantenimiento.	1620
Sinagoga	¿Para eso te di mis armas?	
	Ya tus auxilios no quiero.	
Gentilidad	Aunque ya quieras echarme	
	de ti, no podrás, pues veo	
	que están tus fuerzas por mías.	1625

(Vase y todos con él.)

Sinagoga	Extraños males padezco,
	pues metí la guerra en casa
	y son contrarios los mesmos
	que traje para auxiliares.
	Un enemigo temiendo,	1630
	tengo ya dos enemigos.
	¡Volcanes son mis alientos!
	¡Basiliscos son mis ojos,
	fuego el alma y Etna el pecho!
	El corazón a bocados	1635
	un áspid me está mordiendo.
	¡Ay de mí! ¡Ay de mí otra vez!
	¡Bien pago mi atrevimiento!

(Vase. Descúbrese en lo alto San Pedro con un cáliz con su hostia en la mano, y los que pudieren con él, y la nave se vuelve.)

Pedro	Ya el mar te ha desocupado
	la armada que trajo el cierzo,	1640
	y de la campaña ya
	también levantan el cerco
	los enemigos porque
	triunfes contra todos ellos.

Iglesia	Al rey que te envía y a ti	1645
	tan grandes finezas debo.
	Vuelve, Oración, a dar gracias
	de aqueste socorro al cielo
	que nosotros con las voces
	desde aquí te ayudaremos.	1650

| Oración | Segunda vez, patria bella, |
| | a cortar tu esfera vuelvo. |

75

(Vuélvese la nave y sigue a las chirimías la Música.)

(Canta.)   Al pan y vino inmortal
        todos adoremos, pues
        este de la Iglesia es   1655
        el Socorro general.

Iglesia   Y dejando aquí pendientes
        todos aquestos sucesos
        de quien esta alegoría
        la novedad ha compuesto,   1660
        a la Iglesia, Inquisición,
        ciudad, damas, caballeros,
        nobleza y plebe pidamos
        el perdón de nuestros yerros,
        de parte de quien quisiera   1665
        ser el más feliz ingenio
        del mundo para servirte;
        pero supla sus defectos,
        imperial patria, por hijo
        tuyo y por esclavo vuestro.   1670

Libros a la carta

A la carta es un servicio especializado para
empresas,
librerías,
bibliotecas,
editoriales
y centros de enseñanza;
y permite confeccionar libros que, por su formato y concepción, sirven a los propósitos más específicos de estas instituciones.

Las empresas nos encargan ediciones personalizadas para marketing editorial o para regalos institucionales. Y los interesados solicitan, a título personal, ediciones antiguas, o no disponibles en el mercado; y las acompañan con notas y comentarios críticos.

Las ediciones tienen como apoyo un libro de estilo con todo tipo de referencias sobre los criterios de tratamiento tipográfico aplicados a nuestros libros que puede ser consultado en Linkgua-ediciones.com .

Linkgua edita por encargo diferentes versiones de una misma obra con distintos tratamientos ortotipográficos (actualizaciones de carácter divulgativo de un clásico, o versiones estrictamente fieles a la edición original de referencia).

Este servicio de ediciones a la carta le permitirá, si usted se dedica a la enseñanza, tener una forma de hacer pública su interpretación de un texto y, sobre una versión digitalizada «base», usted podrá introducir interpretaciones del texto fuente. Es un tópico que los profesores denuncien en clase los desmanes de una edición, o vayan comentando errores de interpretación de un texto y esta es una solución útil a esa necesidad del mundo académico.

Asimismo publicamos de manera sistemática, en un mismo catálogo, tesis doctorales y actas de congresos académicos, que son distribuidas a través de nuestra Web.

El servicio de «libros a la carta» funciona de dos formas.

1. Tenemos un fondo de libros digitalizados que usted puede personalizar en tiradas de al menos cinco ejemplares. Estas personalizaciones pueden ser de todo tipo: añadir notas de clase para uso de un grupo de estudian-

tes, introducir logos corporativos para uso con fines de marketing empresarial, etc. etc.

2. Buscamos libros descatalogados de otras editoriales y los reeditamos en tiradas cortas a petición de un cliente.